AF308990

DIONYS.   FRANC.
SECOUSSE, EQUES. IN. PARIS.
CURIA PATRO. ET é REG. HUMAN
LITTER. ACAD. 17

RELATION

DES

DIVERTISSEMENS

que le Roy a donnés aux Reines
dans le Parc de Versaille.

ECRITE A VN GENTIL-HOMME
qui est presentement hors
de France.

A PARIS,

Chez CHARLES DE SERCY, au Palais,
au sixiéme Pilier de la grand'Salle, vis à vis
la montée de la Cour des Aydes, à la
bonne Foy couronnée.

M. DC. LXIV.

Auec Priuilege du Roy.

MONSIEVR.

A Mon retour de Verfaille, i'ay trouué vne de vos Lettres, dans laquelle vous me paroissez fort curieux de sçauoir des nouuelles, qui puissent vous diuertir agreablement pen-

A

dant voſtre voyage. Il
eſt certain , Monſieur ,
que les plus belles & les
plus importantes que l'on
pourroit vous écrire , ſe
font au lieu d'où je viens;
mais comme à force de
ne rien faire, l'on deuient
pareſſeux , diſpenſez-
moy , de grace , d'vn
employ qui n'eſt pas pro-
pre à vn faineant , com-
me je ſuis , & conten-
tez-vous , que ie vous
adreſſe à des gens que
vous connoiſſez , & qui
s'en acquitteront le plus

aisément du monde , pour peu qu'ils ayent enuie de vous complaire. N'est-il pas vray , que si Monsieur Colbert vouloit , il pourroit vous faire part des salutaires auis qu'il donne au Roy , pour reformer les abus , qui s'estoient glissez dans l'administration des Finances , & des sages resolutions que prend Sa Majesté , pour y rétablir vn ordre aussi necessaire pour le bien de ses affaires , qu'il est auantageux

A ij

pour le soulagement de
ses Sujets ? Si Monsieur
le Tellier se vouloit donner la peine de vous é-
crire le détail des affaires qui luy passent par les
mains, ne seriez-vous pas
beaucoup mieux instruit
du secret de tous les mouuemens que font toutes
les trouppes du Royau-
me, que ceux mesmes
qui les commandent ? Et
s'il plaisoit à Monsieur de
Lyonne de vous donner
quelque connoissance des
affaires étrangeres, n'en

apprendriez - vous pas
beaucoup plus par vn
feul ordinaire , que n'en
ont appris pour leur ar-
gent les Miniſtres des
Princes Etrangers qui a-
chetoient les faux Ex-
traits de ce miſerable Co-
piſte , qui expliqua , il
y a quelque temps , ſes
dernieres volontez en
Gréve ?

Hé bien , Monſieur ,
vous voyez ce me ſem-
ble , que ie vous donne
d'aſſez bons expediens
pour vous inſtruire des

plus fines nouuelles de la
Cour.   Car ne croyez
pas que depuis que vous
eftes party , il y ait eu
quelque changement au
Miniftere , & que le Roy
ait ajouté quelque nou-
uelle rouë à la machine
de l'Eftat , afin de la faire mouuoir plus aifément.
Il a creu iufqu'icy , que
le nombre de trois , é-
toit le nombre de perfe-
ction , & fe feruant de
ces trois Miniftres , comme Dieu fe fert des cau-
fes fecondes , il les ho-

nore seuls autant qu'il luy plaist du secret de ses affaires. Ils ont seuls la connoissance qu'il veut leur donner de ce qui se passe dans le Cabinet ; le reste de la Cour pour ne point demeurer dans l'oisiueté , a la liberté de méditer sur ce qui se passe au dehors.

Vous voilà maintenant aussi bien informé que vous le pouuez estre par vn homme comme moy , & je pense que je pourrois honnestement

A iiij

fermer mon pacquet ,
en y adjoûtant les impri-
mez que je vous enuoye
des diuertiſſemens que le
Roy a donnez aux Rei-
nes , pendant quelques
iours ; ſi je n'apprehen-
dois quelque reproche
de ne vous auoir pas dit
mon ſentiment ſur vne
Feſte , auſſi galante que
magnifique , puiſque j'ay
eſté aſſez heureux pour
eſtre du nombre des ſpe-
ctateurs.

Il n'eſt pas neceſſaire
que je vous faſſe icy la

peinture de Versaille , vous en connoissez tou-tes les beautez , & vous sçauez auec quel art le Roy a renfermé dans la petitesse de cette Maison, tout ce qui se peut trou-uer de magnifique & de galand, dans les plus su-perbes Palais que l'Ar-chitecture puisse imagi-ner.

Quand le grand Archimede eston-
  nant nos ayeux
Leur fit voir comme vne merueille ,
Dans vn petit cristal la beauté nom-
  pareille ,
Et tous les mouuemens des Cieux .

Iuppiter fut furpris voyant que fur
   la terre
L'art ingenieux des humains
S'eftoit ainfi joüé dans vn fragile
   verre,
Du plus grand œuure de fes mains.

L'on arriue par la gran-
de Allée, qui eft au bout
du Parterre, dans vn
rond fort fpacieux, coup-
pé par vne autre Allée de
mefme largeur ; ce lieu
qui eft à cinq ou fix cens
pas du Chafteau, fut
choifi pour le plus pro-
pre à faire paroiftre les
premiers diuertiffemens
du Palais enchanté d'Al-

cine. L'on auoit éleué
dans les quatre auenuës
du Rond, de grands Por-
tiques ornez au dehors
& au dedans, des Armes,
& des Chiffres de Sa Ma-
jesté. L'on auoit mis le
haut Dais justement à
l'entrée du Rond & der-
riere en remontant dans
l'Allée, l'on auoit arran-
gé des bancs en forme
d'Amphitheatre pour
placer deux cent person-
nes. De grandes Machi-
nes entrelacées dans les
Arbres du Rond, soûte-

noient des Chandeliers
garnis d'vn nombre infi-
ny de Flambeaux , pour
faire , s'il estoit possible ,
vne lumiere égale à cel-
le du Soleil , lors qu'il
auroit fait place à la
nuit.

Aussi-tost que les Rei-
nes furent arriuées , l'on
entendit vn grand bruit
de Timbales & de Trom-
pettes , qui estoit le signal
que les Paladins estoient
prests à parestre dans le
Camp. N'attendez pas,
Monsieur , que je vous

décriue en détail la ma-
gnificence de leurs Ha-
bits , & de toute leur
suitte ; qu'il vous suffise
d'apprendre par cette Re-
lation , quelques parti-
cularitez que vous ne
trouuerrez point dans les
Imprimez , & que l'on
n'y auoit pas voulu met-
tre à dessein de surpren-
dre plus agreablement
toute l'assemblée.

On vit donc entrer
d'abord par l'Allée qui
estoit à la gauche du
haut Dais vn Herault

d'Armes auec le Page du
Paladin Roger, celuy du
Mareſchal de Camp, &
celuy du Iuge des Cour-
ſes, auec les Lances &
les Ecus de leurs Mai-
ſtres : ils eſtoient ſuiuis
de deux Timbaliers , &
de quatre Trompettes
qui marchoient deuant
le Mareſchal de Camp,
ſuiuy de huit autres
Trompettes , & de qua-
tre Timbaliers qui mar-
choient deuant l'incom-
parable Roger, Chef de
cette illuſtre Quadrille.

A peine parut-il dans la place, que l'on entendit des cris de joye & d'admiration, que le respect, & l'amour que l'on a pour luy, faisoient éclater de toutes parts : Car, Monsieur,

Soit qu'il marche pour faire vne il-
  lustre conqueste,
Soit que se delassant auecques ses
  guerriers,
Pour joindre quelque Mirthe à ses
  fameux Lauriers
Il vueille honorer vne Feste ;
Il a beau se cacher sous l'habit d'vn
  Berger,
D'vn Romain, de Mars, de Ro-
  ger

Soudain sa grace sans seconde,
Son air majestueux, certain je ne
    sçay quoy,
Fait connoistre que c'est le Roy,
Et le Roy le plus grand du monde.

Aprés les Paladins l'on vit entrer Apollon sur vn Char d'vne hauteur prodigieuse, & tout brillant d'or, d'azur, & de cent autres couleurs differentes. Ce Char estoit traisné par quatre superbes cheuaux de different poil, attelez tous quatre de front. Ne vous allez pas imaginer qu'on les eust pris dans l'Ecurie d'Apollon,

pollon, & que ce fuſſent ceux, dont il ſe ſert pour faire ſa courſe journalie-re ; on les auoit pris dans l'Ecurie du Roy , & ſi leur fierté paroiſſoit meſ-lée de quelque inquietu-de, c'eſt qu'ils ſentoient bien qu'ils n'auoient pas vne charge ſi Auguſte, que celle qu'ils ont cou-ſtume d'auoir tous les iours.

Ainſi l'on nous a fait entendre
Que jadis le fier Bucefal
Pouſſé d'vn meſme orgueil , & d'vn
　　　　dépit égal
Ne vouloit porter qu'Alexandre.

Apollon auoit à ſes pieds les quatre Siecles, & moy qui vous écris, j'auois aux miens deux Barbons & trois Duen'nes, qui auoient aſſez d'âge pour en compoſer quatre autres, & quelque choſe meſme de plus, ſi l'on en euſt eu beſoin pour acheuer de remplir le Char.

Milet le premier conducteur qui ſoit au monde, faiſoit voir ſon addreſſe en cette occaſion, il eſtoit veſtu comme

l'on peint le Temps , il
sembloit estre d'vne tail-
le plus grande que la na-
turelle , je croy que vous
ne vous en estonnerez
pas , non plus que beau-
coup d'autres qui sça-
uent , que

Quelquefois à la Cour le Temps
Paroist fort long aux Courtisans.

Le Char estoit enui-
ronné des douze Heures
du jour & des douze Si-
gnes du Zodiaque , &
suiuy des Pages des Che-
ualiers portans leurs Lan-

B ij

ces, & les Ecus de leurs Deuises, & de vingt Pasteurs chargez des pieces de la Barriere, dont la lice fut formée dans vn moment, lors que les Paladins voulurent courre la Bague.

Le Temps Milet fit tourner deux ou trois fois au tour de la place, le Char d'Apollon, il ne paroissoit point du tout embarassé de son employ, car menant tous les iours aussi heureusement, & aussi adroittement qu'il fait le plus pretieux Char du monde, il sçauoit bien que quand celuy-cy seroit renuersé, l'accident au pis aller, n'auroit esté fatal qu'au Theatre de Moliere, & que celuy de l'Hostel de Bourgogne s'en seroit aisément consolé. Le Char s'estant arresté deuant les Reines, Apollon & les quatre Siecles reciterent les vers, que vous pouuez lire dans le Liure imprimé. Ce recit estant acheué, Apollon & tous ceux qui le

B iij

fuiuoient fortirent de la place , & les Cheualiers commencerent la courfe de Bague.

Ie ne m'amuferay point icy à vous en faire tout le détail , il fuffit de vous dire que tous firent parfaitement leur deuoir , & que la voix publique donna le prix des plus belles & des plus juftes courfes au Paladin Roger. Toutes les fois que le grand Soyecour couroit , l'on entendoit quelques voix femnines fe recrier en fa

faueur. Cependant la Ba-
gue fut long-temps dif-
putée, entre Monſieur le
Duc de Guiſe, & le Mar-
quis de la Valiere qui eut
enfin l'auantage, & quoy
que l'on n'euſt propoſé
aucun prix pour la cour-
ſe de Bague, la Reine Me-
re qui ne ſçauroit s'em-
peſcher d'eſtre magnifi-
que, lors qu'il s'en pre-
ſente la moindre occa-
ſion, recompenſa l'ad-
dreſſe du Marquis de la
Valiere, en luy donnant
vne Eſpée & vn Bau-

drier garnis de Diamans, je suis tres-persuadé que vous ne serez point surpris du procedé de Sa Majesté ; car vous sçauez bien, que

Afin qu'elle enseignast aux plus grands Souuerains
Quelles sont les vertus Royales,
Le Ciel luy fit present de mains
Belles, blanches, & liberales.

La nuit estant suruenuë, le Camp fut éclairé d'vn nombre infiny de lumieres, & tous les Cheualiers s'estant retirez, l'on vit entrer l'Orphée

de

de nos jours , vous en-
tendez bien que je veux
dire Lully , à la teſte d'v-
ne grande trouppe de
Concertants , qui s'eſtant
approchez au petit pas ,
& à la cadence de leurs
inſtruments prés des Rei-
nes , ſe ſeparerent en
deux bandes à droit &
à gauche du haut Dais ,
en bordant les palliſſa-
des du Rond , & en meſ-
me temps l'on vit arri-
uer par l'Allée qui eſtoit
à la main droite les qua-
tre Saiſons ; le Printemps

C

sur vn grand cheual d'Es-
pagne , l'Esté sur vn E-
lephant , l'Automne sur
vn Chameau , & l'Hy-
uer sur vn Ours ; les Sai-
sons estoient accompa-
gnées de douze Iardi-
niers , douze Moisson-
neurs , douze Vendan-
geurs , & douze Vieil-
lards ; ils marquoient la
difference de leurs sai-
sons par des Fleurs , des
Epics, des Fruits , & des
Glaces, & portoient sur
leurs testes les bassins de
la collation.

Vne grande Machine
d'Arbres artiſtement en-
tremeſlez, & qui s'éle-
uoient preſque à la hau-
teur de ceux des Allées,
parut dans la place,
& s'approcha inſenſible-
ment des Reines. Pan &
Diane eſtoient aſſis ſur
les plus hautes branches
de ces Arbres, & cette
Machine eſtoit deuan-
cée par vn Concert de
Haubois, & de Flûtes,
& ſuiuie d'vne trouppe
de Faunes qui portoient
des viandes de la ména-

gerie de Pan , & de la
chaſſe de Diane ; aprés
marchoient les Pages qui
deuoient ſeruir les Da-
mes à la table.

Auſſi-toſt que cette
grande Trouppe eut pris
place, les quatre Saiſons,
Pan , & Diane s'appro-
cherent de la Reine , &
luy dirent les Vers, que
vous prendrez, s'il vous
plaiſt , la peine de lire
dans l'imprimé.

Ce Recit fait, les Heu-
res qui auoient accom-
pagné le Char d'Apol-

lon, vinrent danser vne
entrée de Balet, auec les
douze Signes du Zodia-
que, pendant que les
Controlleurs de la Mai-
son du Roy, qui repre-
sentoient l'abondance,
la joye, la propreté, &
la bonne chere, firent
apporter vis à vis du
haut Dais, de l'autre
costé du Rond, vne
grande Table en forme
de Croissant, ornée de
Festons, & enrichie d'vn
nombre infiny de Fleurs,
& si-tost qu'elle fût cou-

uerte , par les Ieux , les
Ris , & les Delices , l'on
ouurit le milieu de la
Barriere pour laisser passer leurs Majestez , & les
Dames qui deuoient é-
tre de la collation , dont
la magnificence peut ê-
tre comparée à celle du
Festin des Dieux de l'an-
tiquité. Tous les Con-
certans passerent à droit
& à gauche de la Barrie-
re , & s'allerent placer
sur vn Amphiteatre qui
estoit derriere la table;
& certes , il faut auoüer

qu'en ce moment là, les
yeux, & les oreilles eu-
rent toute la satisfaction
que la nature, l'art, &
l'harmonie estoient ca-
pables de leur donner,
& que jamais rien n'eut
tant l'air d'vn enchante-
ment, que ce que l'on
vit dans cette place, où
cent objets differents oc-
cupoient toute l'imagi-
nation des spectateurs.
Il est vray, qu'vn certain
enuieux de la joye publi-
que, pour diminuer le
plaisir des yeux, esteignit

vne partie des lumieres:
vous comprenez bien
que ce fut le vent , car
vous vous tromperiez
fort , si vous pensiez qu'il
y euft eu quelque crea-
ture viuante affez eftour-
die , ou affez infolente
pour l'ofer faire;

> Et vous fçauez comme je croy
> La crainte, & le refpect que l'on a
>   pour le Roy,
> Que fon Empire eft calme, & fans
>   orage,
> Qu'il ne voit rien qui le puiffe trou-
>   bler,
> Et qu'il rend le monde fi fage
> Que perfonne n'ofe fouffler.

Ce fuperbe Feftin fi-

nit auec la premiere journée des plaisirs du Palais
d'Alcine. Le jour suiuant
on eut le diuertissement
de la Comedie. L'on a-
uoit dressé vn grand
Theatre enuiron cent
pas au dessous du Rond
où les Cheualiers auoient
couru la Bague, & l'on
auoit fait vne espece de
Salon, entre les pallis-
sades de l'Allée, dont le
haut estoit couuert de
toiles pour deffendre les
Dames contre les inju-
res du temps. Vous ne

pretendez pas , que je
vous raconte Sceine par
Sceine le sujet de la Co-
medie , & vous faites fort
bien ; car mon intention
n'eſt pas de vous écrire
vn Volume. En atten-
dant que vous la voyez
imprimée , ſi Moliere qui
en eſt l'Autheur la veut
donner au Public , vous
ſçaurez qu'il auoit eu ſi
peu de temps pour la
compoſer, qu'il n'y auoit
qu'vn Acte & demy en
Vers , & le reſte eſtoit
en Proſe , de ſorte qu'il

sembloit que pour obeïr promptement au pouuoir de l'Enchantereſſe Alcine, la Comedie n'auoit eu le temps que de prendre vn de ſes Brodequins, & qu'elle eſtoit venuë donner des marques de ſon obeïſſance vn pied chauſſé & l'autre nud. Elle ne laiſſa pas d'eſtre fort galante, & l'on prit aſſez de plaiſir à voir vn jeune Prince amoureux, d'vne Princeſſe fort dedaigneuſe, & qui n'aimoit

que la chasse, venir à bout
de sa fierté, par vne in-
difference affectée , &
tout cela selon les bons
aduis d'vne espece d'An-
gelie, c'est à dire d'vn
Fou ou soy disant, plus
heureux & plus sage ,
que trente Docteurs qui
se picquent d'estre des
Catons.

Tous ne sçauroient par les mesmes
    emplois
Auoir de l'accez prés des Rois,
Cependant chacun y veut estre,
On gronde, on peste tout le jour
Contre tel qui n'est pas ce qu'il
    veut y parestre,
Mais pour moy je tiens qu'à la Cour
N'est pas Fou qui plaist à so Maistre.

Toute la piece estoit
meslée de Danses & de
Concerts, des plus bel-
les voix du monde , &
comme les Amants ne se
broüillent jamais si fort,
qu'ils ne se marient à la
fin de la Comedie , cela
ne manqua pas d'arriuer,
& pour les diuertir le
soir de leurs nopces ,
leurs Courtisans se de-
guiserent & finirent la
piece , par la plus belle
& la plus surprenante
Entrée que l'on ait ja-
mais veuë. Au fonds du

Theatre, sur vn grand
Arbre, dont les bran-
ches estoient entrelacées
les vnes dans les autres,
seize Faunes faisoient vn
agreable concert de Flû-
tes, & dans le temps
qu'ils reprenoient halei-
ne, deux Bergers &
deux Bergeres Heroï-
ques chantoient vne
Chanson à danser, par
leurs noms qui sont dans
l'imprimé vous juge-
rez de la beauté de leurs
voix, & du plaisir que
l'on auoit de les enten-

dre. Cependant l'Arbre
sur lequel les Faunes é-
toient assis, s'auança jus-
ques au milieu du Thea-
tre par vn enchantement
d'Alcine. Lors ceux qui
dansoient aux Chansons
s'arresterent, & l'on vit
entrer quatre autres Ber-
gers & quatre Bergeres,
dont les habits estoient
aussi galands que ceux
des Celadons, des Syl-
uandres, des Astrées &
des Dianes du Païs de
Lignon : lors qu'ils a-
uoient dansé quelque

temps, les premiers Ber-
gers & les Bergeres re-
commençoient à dan-
ser aux Chansons ; ceux-
cy n'auoient pas finy que
les autres rentroient au
son de mille Instruments,
& leur Entrée estoit mes-
lée, de celle de quelques
Satyres, tantost auec des
Flûtes & tantost auec des
Tambours de Basque,
dont la Musique s'accor-
doit au reste de la Sim-
phonie auec vne justesse
merueilleuse. Enfin l'on
eut tout à la fois le plaisir
d'vn

d'vn meſlange de toutes
ces ſortes de Danſes &
de Muſiques qui s'e-
ſtoient faites ſepare-
ment , & tout cela fût
executé auec tant d'or-
dre, que tout le monde
auoüa qu'il falloit que
Lully qui eſtoit l'inuen-
teur de toute cette har-
monie, & de cette En-
trée ſi belle & ſi galante
fuſt cent fois plus Dia-
ble , que la Diableſſe Alcine meſme. Toute l'Aſ-
ſemblée ſortit charmée
de ce diuertiſſement, les

Dames auoüerent de
bonne foy, que l'on a-
uoit découuert dans la
Comedie le veritable
moyen de les ramener à
la raiſon, lors qu'elles
font les difficiles & les
farouches ; les Caualiers
jurerent de ſe ſeruir plu-
toſt de cet expedient,
que de ſe pendre de de-
ſeſpoir pour la plus bel-
le Anaxarete de la terre;
& je fus fort aiſe de les
voir dans ces ſentimens;
car j'ay touſiours trou-
ué le deſeſpoir en amour

vne vilaine chose, & je me souuiens d'auoir fait des Vers qui sont assez conformes à la resolution de ces Messieurs, qui auoient si bien profité à la Comedie, il faut que je vous les écriue icy.

Les yeux d'Aminte m'ont charmé,
Mon cœur brûle & languit pour elle
Et je ne puis en estre aimé :
Ma flamme seroit immortelle
Si la pitié vouloir quelque jour m'e-
xaucer ;
Elle est adorable, elle est belle,
Mais elle est cruelle,
Il s'enfaut passer.

Voilà, Monsieur, comment se termina la

seconde journée. Le jour
suiuant la Cour eut le
plaisir d'vn Ballet, qui
se fit dans le Palais d'Alcine, sur les dix heures
du soir.

Le Rond-d'eau qui
est au bas de la mesme
Allée, par laquelle l'on
estoit descendu de la Place où s'estoit faite la
course de Bague, au Sa-
lon de la Comedie, fut
choisi pour representer
le Lac au milieu duquel
estoit l'Isle enchantée de
cette fameuse Magicien-

ne ; le haut Dais fut pla-
cé sur le bord de l'Allée,
& sur les costez du Ron-
deau , prés des pallissa-
des à droit & à gauche,
il y auoit des Amphi-
theatres qui faisoient vne
forme de Croissant, qui
aboutissoit aux bords de
deux petites Isles , qui
estoient aux deux costez
du Palais d'Alcine. Ces
deux Isles furent en vn
moment éclairées d'vn
nombre infiny de lumie-
res , & l'on vit sur celle
qui estoit à la main-droi-

te des spectateurs, vn
grand nombre de Con-
certans, dont l'harmo-
nie répondoit à celle des
Trompettes, & des Tim-
bales, qui estoient dans
la petite Isle de la main-
gauche. Peû de temps
aprés l'on apperceut de
loin trois grosses Balei-
nes, qui sortoient des
deux costez du Palais,
& qui en nageant s'ap-
prochoient des bords
du Lac enchanté. L'v-
ne portoit sur son dos
Alcine, & les deux autres

por-toient les deux Com-
pagnes de cette Magicien-
ne. Comme l'on raison-
ne differemment sur tou-
tes les choses de ce mon-
de, les vns soutenoient
que ces Monstres estoient
viuants, & que des Bis-
cayins les auoient pris à
la derniere Pesche, & les
auoient amenez au Roy;
d'autres disoient que c'e-
stoient des Poissons que
l'on auoit jettez, il y a
peu de temps, dans le
Rond-d'eau, & qui é-
toient deuenus assez

grands, pour feruir en
cette occafion, & ces
derniers appuyoient leur
opinion en difant, que

Sans fe donner beaucoup de peines
L'on fait aux champs des Rois de
    fertiles moiffons,
Et leurs eaux font toufiours fi bon-
    nes, & fi faines,
Que les moindres petits poiffons
Y deuiennent dans peu de fort grof-
    fes Baleines.

Alcine & fes Compa-
gnes s'eſtant approchées
du bord du Lac, vis à vis
de leurs Majeſtez, firent
le recit que vous trouue-
rez imprimé, & s'en re-
tournerent aprés du coſté

de

de l'Isle enchantée, où
estoit le Palais qui s'ou-
urant à leur arriuée sur-
prit agreablement les
yeux par les beautez d'v-
ne Architecture si mer-
ueilleuse, que l'on eust
creu que c'estoit de l'in-
uention de Bigarrani, si
l'on n'eust esté preuenu
que c'estoit vn enchante-
ment d'Alcine. Alors les
Concertants redouble-
rent leurs accords, &
l'on vit des geants d'vne
prodigieuse grandeur,
qui firent la premiere

entreé du Balet, de la
maniere qu'ils dan-
soient, & qu'ils estoient
chauffez, il sembloit
qu'ils eussent appris à
danser à Venise, & qu'ils
se fussent seruis d'vn Cor-
donnier de quelque gen-
tille Donne. L'imprimé
vous instruira du détail
de toutes les entrées, &
vous apprendra que la sa-
ge Melisse ayant apporté
au braue Roger l'anneau
fatal aux enchantements
afin de le deliurer, &
les autres Cheualiers,

Alcine parut comme
vne desesperée, & lors
vn grand coup de Ton-
nerre suiuy d'vne infini-
té d'éclairs marqua la
ruine de son Palais qui
fut embrasé par vn feu
d'artifice. Iamais l'on n'a
veu d'incédie plus agrea-
ble: l'air, la terre, &
l'eau estoient couuerts
tantost de fusées volátes,
& tantost de gerbes de
feu, tantost mille ser-
penteaux s'élancoient de
l'Isle sur les spectateurs,
& il y en eut tel qui
E ij

tombant parmy des Dames fut assez indiscret, pour le glisser, & creuer en des endroicts fort sujets au feu.

Voila quelle fut la fin de l'auanture, & des plaisirs de l'Isle enchantée d'Alcine. Et si vous desirez sçauoir mon sentiment sur les beautes de ces trois différentes iournées, ie vous diray ce que ie dis à Monsieur lors qu'il me fit l'honneur de me demander ce qu'il m'en sembloit.

Ie luy répondis que i'a-
uois trouué la premiere
iournée surprenante ;
la seconde galante &
agreablemét diuersifiée ;
la troisiesme ingenieuse,
& toutes trois tres ma-
gnifiques, & tout a fait
Royales. Et certes Mon-
sieur le Duc de Sainct
Aignan doit estre bien
satisfaict d'auoir esté
l'auteur d'vne feste si
belle, & si bien con-
duitte ; Car enfin ia-
mais rien ne se passa
auec tant d'ordre, &

pour preuenir mesme la
confusion que la curio-
sité du peuple auroit pû
apporter en passant par
dessus les murailles du
Parc, on les auoit bordées
de soldats des Gardes,
& Monsieur le Mares-
chal de Gramont auoit
faict tendre deux tentes,
sous lesquelles on seruit
deux tables pour les prin-
cipaux Officiers, tandis
que l'on donnoit auec
profusion du vin au reste
des soldats. Vous sçauez
si ce Mareschal est ma-

gnifique en tout temps, & s'il sçait bien faire l'honneur d'vne feste, & je pense que vous vous souuenez encore de quel air il soutenoit en Allemagne la dignité de l'Ambassade, & la gesne cruelle que sa splendeur donnoit aux Ambassadeurs estrangers qui la vouloient copier.

Le Roy pour continuer à diuertir les Reines, fit succeder aux plaisirs du Palais d'Alcine, celuy de la Course

des Testes qui se fit dans
les fossez du Chasteau,
il remporta par son ad-
dresse le prix que tous
les vœux de l'assemblée
luy donnoient, & il le
redonna sur le champ à
courre aux Cheualiers
qui auoient eu l'honneur
d'estre de sa Quadrille;
& le Duc de Coaslin
qui le gagna, receut de
Diamant de la main de
la Reine. Il n'est pas
necessaire que je vous
exagere la valeur du pre-
sent, vous sçauez bien

que sa Majesté n'en fait
que de grands.

Parmi ceux qu'elle nous a faits
En échange de cette gloire
Qu'apportoient à l'Estat la guerre
&la victoire
Elle nous a donné la Paix,
En se donnant, cette adorable Reine
A fait present, au Dieu de Seyne
Du plus riche Thresor que l'Espa-
gne eut jamais:
Le ciel par cette Souveraine
Nous a comblez de biens, car pour
tout dire enfin
Et Louys & l'Estat ont eu d'elle vn
Daufin
Qui sera de cette Couronne
Quelque jour l'infaillible appuy,
Car tout petit qu'il est l'on voit dans
sa personne
De quoy donner vn jour vn Daufin
comme luy.

Mais afin que les Dames

apres auoir esté Royale-
ment regalées pendant
leur sejour à Versailles
ne s'en retournassent
point sans emporter quel-
ques faueurs du Roy, où
fit vne magnifique Lot-
terie, dans laquelle il y
auoit autãt de billets heureux que de Dames, &
la fortune qui se mesle
ordinairement des graces
qui se font à la Cour,
fut l'arbitre de cette gal-
lanterie, qui fit confes-
ser à tout le monde que
le Roy n'est pas moins

l'ame des plaisirs de la
Cour, que celle des con-
seils qui sôt prosperer son
Empire. Car enfin, Mon-
sieur, comme l'ame, si
nous le sçauons, ou si
nous ne le sçauons pas, est
toute dans tout le corps,
& toute dans chacune
de ses parties, à voir
agir le Roy dans les af-
faires importantes à la
gloire, & au salut de
l'Estat, à voir son assi-
duité dans les Conseils,
l'on diroit qu'il auroit
renoncé à tous les plai-

sirs où sa jeunesse le peut
inuiter, & quand il
donne quelques heures
de son temps aux Diuer-
tissements, & à la jolie,
il le fait auec vne appli-
cation qui feroit dire
aux Duppes, qui ne le
connestroient pas, qu'il
a laissé à quelque autre
le soin de ses affaires.
Grace à Dieu nous nous
apperceuons chaque jour
de mieux en mieux qu'il
est le grand, & le maistre
ressort qui fait mouuoir
la Machine, & qu'il est

quand il veut impene-
trable à ceux qui l'ap-
prochent de plus prés,
en vn mot qu'il est impos-
sible de s'aquitter mieux
qu'il fait des deuoirs d'vn
Roy, Politique, Ieune,
puissant, & fortuné. En
verité l'on peut bien
dire qu'heureux est de-
luy qui trouuerra quel-
que occasion de seruir
vn Monarque si parfaict,
plus heureux qui le sert,
& plus heureux encore
qui l'a toûjours seruy. Ie
vous connois, Monsieur,

& ie suis asſuré, que ce
n'eſt pas la curioſité de
voir les marmouſets de
l'antiquité, & quelques
vieux hierogliphiques
grauez ſur des piramides
a demy rompües qui
vous a fait entreprendre
le voyage où vous eſtes
embarqué, mais le deſir
d'obſeruer attentiuemét
les Cours eſtrangeres.
Voyez en tant qu'il vous
plaira, examinez auec
ſoin la prudence, & la
conduite des autres Prin-
ces, ie ſuis tres asſuré qu'a

voſtre retour vous ſerez
de mon aduis , & que
vous direz auec moy

Que l'on propoſe ſur la Terre
Vn prix à diſputer entre les Poten-
tats
Qui ſçauent mieux gouuerner des
Eſtats
Et dans la paix, & dans la guerre,
Que par des charmes inouïs
Vne Trouppe de Rois s'aſſemble,
Ie gage pour le ſeul LOVYS
Contre touts les autres enſemble.

DE MARIGNY.

A Paris le 14. May 1664.

Extraict du Priuilege du Roy.

PAr grace & Priuilege du Roy, donné à Paris, le onziéme iour de Iuin,
1664. Et signé B O V C H A R D. Il est per-
mis à C H A R L E S D E S E R C Y, Marchand Libraire à Paris, d'Imprimer
vendre & distribuer vn Liure intitulé,
Relation des diuertissements de Ver-
sailles : Et deffences sont faites à tous
autres de l'imprimer, vendre & distribuer, pendant *sept années*, à peine
de trois mil liures d'amende, & autres peines portées par ledit Priuilege.

Acheué d' Imprimer le 17. *Iuin* 1664.

Les Exemplaires ont esté fournis.

Registré sur le Liure de la Communauté des
Imprimeurs & Marchands Libraires de cette
Ville, suiuant & conformément à l'Arrest de
la Cour de Parlement du 8. Auril 1653. & aux
charges portées par le present Priuilege. A Pa-
ris ce 14. du mois de Iuin 1664.

Ledit de Sercy a associé audit Priuilege
Claude Barbin, aussi Marchand Libraire,
pour en iouïr suiuant l'accord fait entr'eux.